大方廣佛華嚴經 寫經

3

일러두기

1. 『사경본 한글역 대방광불화엄경』은 『독송본 한문·한글역 대방광불화엄경』에 수록된 한글역을 사경하는 데 편의를 도모하기 위해 편집을 달리하여 간행한 것이다.

2. 『독송본 한문·한글역 대방광불화엄경』은 실차난타가 한역(695~699)한 80권 『대방광불화엄경』의 한문 원문과 한글역을 함께 수록한 것이다. 한문 저본은 고종 2년(1865) 월정사에서 인경한 고려대장경 『대방광불화엄경』이다.

3. 한글 번역은 동국역경원에서 발간한 한글 『대방광불화엄경』(운허)을 중심으로 하고 『신화엄경합론』(탄허)과 『대방광불화엄경 강설』(여천무비) 그리고 최근의 여타 번역본 등을 참조하였다.

4. 한글 번역은 독송과 사경을 위하여 정확성과 아울러 가독성을 고려하였다. 극존칭은 부처님과 불경계에 대해서만 사용하였다.

5. 사경본의 차례는 일러두기 → 한글역 본문 → 화엄경 목차 → 간행사이며 80권 『대방광불화엄경』의 권별 목차 순으로 독송본과 함께 간행한다. (법공양판에는 간행사 다음에 간행불사 동참자를 밝혀두었다.)

사경본 한글역
대방광불화엄경 제3권

1. 세주묘엄품 [3]

수미해주

대방광불화엄경 제3권 변상도

_____ 은(는) 『대방광불화엄경』을
사경하는 인연공덕으로
『화엄경』이 널리 유통되고
우리 모두 다함께 보리 이루기를 발원하옵니다.

대방광불화엄경
제3권

1. 세주묘엄품 [3]

 또 지극 건달바왕은 자재한 방편으로 일체 중생을 거두어주는 해탈문을 얻었고, 수광 건달바왕은 일체 공덕 장엄을 널리 보는 해탈문을 얻었고, 정목 건달바왕은 일체 중생의 근심과 고통을 길이 끊어서 환희를 내는 창고의 해탈문을 얻었다.

　화관 건달바왕은 일체 중생의 삿된 소견과 미혹을 영원히 끊는 해탈문을 얻었고, 희보보음 건달바왕은 구름이 널리 펼쳐지듯이 일체 중생을 널리 덮어 윤택하게 하는 해탈문을 얻었고, 낙요동미목 건달바왕은 광대하고 미묘하고 좋은 몸을 나타내어 일체가 안락을 얻게 하는 해탈문을 얻었고, 묘음사자당 건달바왕은 일체 큰 이름난 보배를 시방에 널리 흘는 해탈문을 얻었다.

보방보광명 건달바왕은 일체가 크게 환희하는 광명과 청정한 몸을 나타내는 해탈문을 얻었고, 금강수화당 건달바왕은 일체 나무를 널리 무성하게 하여 보는 이가 환희하게 하는 해탈문을 얻었고, 보현장엄 건달바왕은 일체 부처님의 경계에 잘 들어가서 중생들에게 안락을 주는 해탈문을 얻었다.

그 때에 지국 건달바왕이 부처님의 위신력을 받들어 일체 건달바의 대중들을 널리 살펴보고 게송을 설하여 말씀하였다.

모든 부처님 경계의
한량없는 문이여
일체 중생이
능히 들어갈 수 없거늘
선서께서 허공과 같아
성품이 청정하시어
널리 세간을 위해

바른 길을 여시도다.

여래의
낱낱 모공 가운데
공덕의 큰 바다가
모두 충만하시어
일체 세간을
다 이롭고 즐겁게 하시니
이것은 수광 건달바왕이
능히 본 바로다.

세간의

넓고 큰 근심과 고통바다를
부처님께서
모두 남김없이 없애시니
여래의 자애롭고
불쌍히 여기시는 많은 방편이여
정목 건달바왕이
이에 깊이 알았도다.

시방의 세계바다가
끝이 없음을
부처님께서
지혜 광명으로 다 비추시어

널리 삿되고 악한 소견을
씻어 없애게 하시니
이것은 화관 건달바왕이
들어간 문이로다.

부처님께서
지난 옛적 한량없는 겁 동안
대자의 방편행을
닦아 익히시어
일체 세간을
다 위로하고 편안하게 하시니
이 도는 희보보음 건달바왕이

깨달아 들어갔도다.

부처님 몸은 청정하시어
모두 즐겨 봄이여
능히 세간에
다함없는 즐거움을 내셔서
해탈하는 인과를
차례로 성취하시니
낙요동미목 건달바왕이
이에 잘 열어 보이도다.

중생들은 미혹해서

항상 유전하여
어리석음의 장애 덮개가
지극히 견고하거늘
여래께서 위하여
광대한 법을 설하시니
묘음사자당 건달바왕이
능히 연설하도다.

여래께서 미묘한 색신을
널리 나타내시되
한량없이 차별하여
중생들과 같으시어

갖가지 방편으로
세간을 비추시니
보방보광명 건달바왕이
이같이 부처님을 관하였도다.

큰 지혜 방편의
한량없는 문이여
부처님께서
중생들을 위하여 널리 여셔서
수승한 보리의
진실한 행에 들게 하시니
이것은 금강수화당 건달바왕이

잘 관찰하였도다.

한 찰나 가운데
백천 겁을
부처님의 힘으로 능히 나타내시되
움직인 바가 없고
평등하게 안락으로
중생들에게 베푸시니
이것은 보현장엄 건달바왕의
해탈이로다.

또 증장 구반다왕은 일체 원망과

해침을 소멸하는 힘의 해탈문을 얻었고, 용주 구반다왕은 가없는 수행문바다를 닦아 익히는 해탈문을 얻었고, 장엄당 구반다왕은 일체 중생의 마음에 즐기는 바를 아는 해탈문을 얻었다.

요익행 구반다왕은 청정한 큰 광명으로 짓는 바 업을 널리 성취하는 해탈문을 얻었고, 가포외 구반다왕은 일체 중생에게 안온하고 두려움 없는 길을 열어 보이는 해탈문을 얻었고, 묘장엄 구반다왕은 일체 중생의 애욕바다를 없애는 해탈문을 얻었고, 고봉혜 구반다왕은 모든 갈래에 광명구름을 널리 나타내는 해탈문을 얻었다.

용건비 구반다왕은 널리 광명을 내어서 산과 같이 무거운 장애를 없애는 해탈문을 얻었고, 무변정화안 구반다왕은 물러나지 않는 큰 자비의 창고를 열어 보이는 해탈문을 얻었고, 광대면 구반다왕은 모든 갈래에 유전하는 몸을 널리 나타내는 해탈문을 얻었다.

그 때에 증장 구반다왕이 부처님의 위신력을 받들어 일체 구반다의 대중들을 널리 살펴보고 게송을 설하여 말씀하였다.

참는 힘을 성취하신
세간의 도사시여
중생을 위하여
한량없는 겁 동안 수행하시어
세간의 교만과 미혹을
길이 여의셨으니
그러므로 그 몸이

가장 단엄하고 청정하시도다.

부처님께서 옛적에
모든 수행바다를 널리 닦으시어
시방의 한량없는 중생들을
교화하시되
갖가지 방편으로
중생들을 이롭게 하시니
이 해탈문은
용주 구반다왕이 얻었도다.

부처님께서 큰 지혜로

중생들을 구제하시되
그 마음을
모두 명료하게 아셔서
갖가지로 자재하게
조복하시니
장엄당 구반다왕이
이것을 보고 환희심을 내도다.

신통을 나타내심은
그림자 같고
법륜의 진실하심은
허공과 같음이라

이와 같이 끝없는 겁 동안
세상에 계시니
이것은 요익행 구반다왕이
증득한 바로다.

중생들이 어리석어
항상 미혹에 덮여있어서
부처님께서 광명을 비추어
편안한 길을 나타내셔서
구제하고 보호하여
고통을 없애게 하시니
가포외 구반다왕이

능히 이 법문을 관하였도다.

애욕의 바다에 빠져서
온갖 고통을 받거늘
지혜의 광명으로
널리 비추어 남김없이 멸하시고
고통을 없애고 나서
설법하시니
이것은 묘장엄 구반다왕이
깨달은 바로다.

부처님 몸은 널리 응하여

보지 못함이 없어서
갖가지 방편으로
중생들을 교화하심이여
우레 같은 음성으로
법의 비를 내리시니
이러한 법문은
고봉혜 구반다왕이 들어갔도다.

청정한 광명은
헛되이 비추지 않으셔서
만나면 반드시 무거운 장애를
소멸하게 하시고

부처님의 공덕을 연설함이
끝이 없으시니
용건비 구반다왕이
능히 이 깊은 이치를 밝혔도다.

모든 중생들을
안락하게 하시기 위하여
한량없는 겁 동안
큰 자비를 닦으셔서
갖가지 방편으로
온갖 고통을 없애주시니
이러함은 무변정화안

구반다왕이 본 바로다.

신통의 자재하심이
부사의함이여
그 몸을 널리 나타내어
시방에 두루하시되
일체에
오고 감이 없으시니
이것은 광대면 구반다왕이
마음에 깨달은 바로다.

또 비루박차 용왕은 일체 모든 용

무리의 치성한 고통을 소멸하는 해탈문을 얻었고, 사갈라 용왕은 일념 중에 스스로 용의 형상을 바꾸어 한량없는 중생들의 몸을 나타내 보이는 해탈문을 얻었고, 운음당 용왕은 일체 모든 중생의 갈래 가운데 청정한 음성으로 부처님의 가없는 명호바다를 설하는 해탈문을 얻었다.

염구 용왕은 가없는 부처님 세계의 건립이 차별함을 널리 나타내는 해탈문을 얻었고, 염 용왕은 일체 중생의 성냄과 어리석음의 번뇌를 여래께서 자비로 불쌍히 여기시어 하여금 제거해서 소멸하게 하는 해탈문을 얻었고, 운당 용왕은 일체중생의 큰 기쁨과 즐거움의 복덕 바다를 열어 보이는 해탈문을 얻었고, 덕차가 용왕은 청정하게 구호하는 음성으로 일체 두려움을 소멸하여 제거하는 해탈문을 얻었다.

무변보 용왕은 일체 부처님의 색신과 머무르는 겁의 차제를 나타내 보이는 해탈문을 얻었고, 청정색속질 용왕은 일체 중생의 큰 애락과 환희바다를 출생하는 해탈문을 얻었고, 보행대음 용왕은 일체가 평등하고 뜻에 맞고 걸림 없는 음성을 나타내 보이는 해탈문을 얻었고, 무열뇌 용왕은 대비의 널리 덮는 구름으로 일체 세간의 고통을 소멸하는 해탈문을 얻었다.

그 때에 비루박차 용왕이 부처님의 위신력을 받들어 일체 모든 용의 대중들을 널리 살펴보고 게송을 설하여 말씀하였다.

그대는 여래의 법이
항상 그러함을 관하라
일체 중생을
다 이익케 하시어
능히 큰 자애와
불쌍히 여기시는 힘으로
저 두렵고 험한 길에 떨어진
이들을 건지시도다.

일체 중생의

갖가지 다름을
한 털끝에
다 나타내 보이시어
신통 변화가
세간에 가득하시니
사갈라 용왕이
이와 같이 부처님을 보았도다.

부처님께서
신통의 무한한 힘으로
명호를 널리 연설하여
중생들과 같게 하셔서

그 줄기는 바를 따라
널리 듣게 하시니
이러함은 운음당 용왕이
능히 깨달았도다.

한량없고 가없는
국토의 중생들을
부처님께서
한 모공에 들어가게 하시고
여래께서
그 모임 가운데 편히 앉으시니
이것은 염구 용왕이

본 바로다.

일체 중생의
성내는 마음과
번뇌와 어리석음이
바다같이 깊거늘
여래께서 자비로 불쌍히 여겨
다 멸하여 없애주시니
염 용왕이 이것을 관찰하여
능히 밝게 보았도다.

일체 중생의

복덕의 힘을
부처님 모공 가운데
다 나타내시고
나타내신 뒤 큰 복바다에
돌아가게 하시니
이것은 운당 용왕이
관찰한 바로다.

부처님 몸의 모공에서
지혜의 광명을 내시어
그 광명이 곳곳에서
미묘한 소리를 내시니

중생들이 들으면
근심과 두려움을 없앰이라
덕차가 용왕이
이 도를 깨달았도다.

삼세 일체
모든 여래와
국토의 장엄과
겁의 차제를
이와 같이
다 부처님 몸에 나타내시니
무변보 용왕이

이 신통력을 보았도다.

내가 관해 보니
여래께서 지난 옛적 수행하실 때
일체 모든 부처님바다에
공양하시고
그것에 다 기쁘고 즐거운 마음을
증장하시니
이것은 청정색속질 용왕이
들어간 바로다.

부처님께서 방편인

부류를 따르시는 음성으로
중생들을 위해 법을 설하여
환희하게 하시니
그 음성 청아하여
중생들이 기뻐하는 바라
보행대음 용왕이 이를 듣고
마음에 즐겨 깨달았도다.

중생들이 모든 세상에서
핍박을 받아
업장과 미혹에 표류하여
구제할 이 없거늘

부처님께서
큰 자비로 해탈케 하시니
무열뇌 대용왕이
능히 이것을 깨달았도다.

 또 비사문 야차왕은 가없는 방편으로 악한 중생들을 구호하는 해탈문을 얻었고, 자재음 야차왕은 널리 중생들을 관찰하여 방편으로 구호하는 해탈문을 얻었고, 엄지기장 야차왕은 일체 매우 고달프고 악한 중생들을 능히 도와 이익케 하는 해탈문을 얻었다.

대지혜 야차왕은 일체 성인의 공덕바다를 칭찬하는 해탈문을 얻었고, 염안주 야차왕은 일체 중생을 널리 관찰하는 큰 자비와 지혜의 해탈문을 얻었고, 금강안 야차왕은 갖가지 방편으로 일체 중생을 이익하고 안락하게 하는 해탈문을 얻었고, 용건비 야차왕은 일체 모든 법의 뜻에 널리 들어가는 해탈문을 얻었다.

용적대군 야차왕은 일체 중생을

수호하여 도에 머물러서 헛되이 지나는 이가 없게 하는 해탈문을 얻었고, 부재 야차왕은 일체 중생의 복덕의 무더기를 증장하여 항상 쾌락을 받게 하는 해탈문을 얻었고, 역괴고산 야차왕은 생각을 따라서 부처님의 힘과 지혜의 광명을 출생하는 해탈문을 얻었다.

그 때에 다문대 야차왕이 부처님의 위신력을 받들어 일체 야차의 대중모임을 널리 살펴보고 게송을 설하여 말씀하였다.

　　중생들의 죄악이
　　심히 두려움이라
　　백천 겁 동안
　　부처님을 보지 못하여
　　생사에 표류하며
　　온갖 고통을 받으니
　　이들을 구하시려고
　　부처님께서 세상에 출현하셨도다.

　　여래께서

모든 세간을 구호하심이여
일체 중생 앞에
다 나타나시어
저 두려운 길에서
윤회하는 고통을 쉬게 하시니
이러한 법문은
자재음 야차왕이 들어갔도다.

중생들의 악업이
무거운 장애가 됨을
부처님께서
묘한 이치를 보여 알게 하시니

마치 밝은 등불로써
세간을 비추듯 하심이라
이 법은 염지기장 야차왕이
능히 관해 보았도다.

부처님께서 옛적 겁바다에서
모든 행을 닦으실 때
시방 일체 부처님을
칭찬하심이라
그러므로 높고 멀리
큰 명성 드날리시니
이것은 대지혜 야차왕이

깨달은 바로다.

지혜는 허공과 같아서
끝이 없고
법신은 광대하여
부사의함이라
그러므로
시방에 다 출현하시니
염안주 야차왕이
이를 능히 관찰하였도다.

일체 갈래 가운데

묘음을 내셔서
법을 설하여
모든 중생들을 이익케 하심이여
그 소리 이르는 데마다
온갖 고통 소멸하시니
이 방편에 들어간 이는
금강안 야차왕이로다.

일체의 매우 깊고
광대한 뜻을
여래께서
한 구절로 능히 연설하심이여

이러한 교리를
세간과 같게 하시니
용건비 야차왕이
깨달은 바로다.

일체 중생이
삿된 도에 머물거늘
부처님께서
바른 길의 부사의함을 보이시어
널리 세간에
법의 그릇을 이루게 하시니
이것은 용적대군 야차왕이

능히 깨달았도다.

세간에 있는
온갖 복업이
일체가 다 부처님의 광명이
비춤을 말미암음이라
부처님의 지혜바다는
측량하기 어려우니
이러함은 부재 야차왕의
해탈이로다.

생각하니

지나간 겁이 끝이 없거늘
부처님께서
이 가운데 십력을 닦으시어
능히 모든 힘을
다 원만하게 하시니
이것은 역괴고산 야차왕이
깨달아 안 바로다.

또 선혜 마후라가왕은 일체 신통과 방편으로 중생들에게 공덕을 모으게 하는 해탈문을 얻었고, 정위음 마후라가왕은 일체 중생에게 번뇌를 제거하고 청량한 기쁨과 즐거움을 얻게 하는 해탈문을 얻었고, 승혜장엄계 마후라가왕은 널리 일체 선하고 선하지 못한 것을 생각하는 중생들로 하여금 청정한 법에 들어가게 하는 해탈문을 얻었다.

묘목주 마후라가왕은 일체 집착하는 바가 없는 복덕의 자재하고 평등한 모양을 요달하는 해탈문을 얻었고, 등당 마후라가왕은 일체 중생에게 열어 보여서 어둡고 두려운 길을 여의게 하는 해탈문을 얻었고, 최승광명당 마후라가왕은 일체 부처님의 공덕을 요달해 알아서 환희를 내는 해탈문을 얻었고, 사자억 마후라가왕은 용맹한 힘으로 일체 중생을 구호하는 주인이 되는 해탈문을 얻었다.

중묘장엄음 마후라가왕은 일체 중생에게 생각을 따라 가없는 희락을 내게 하는 해탈문을 얻었고, 수미억 마후라가왕은 일체 반연하는 것에 결정코 움직이지 아니하여 피안에 이르러 만족하는 해탈문을 얻었고, 가애락광명 마후라가왕은 일체 평등하지 못한 중생들을 위하여 평등한 길을 열어 보이는 해탈문을 얻었다.

그 때에 선혜위광 마후라가왕이 부처님의 위신력을 받들어 일체 마후라가의 대중들을 널리 살펴보고 게송을 설하여 말씀하였다.

그대들은 여래의 성품이
청정함을 관해 보라

위광을 널리 나타내어
중생들을 이롭게 하시되
감로의 길을 보여
청량하게 하셔서
온갖 고통을 길이 멸하여
의지할 데 없게 하시도다.

일체 중생이
존재바다에 살면서
모든 악업과 미혹에
스스로 얽히고 덮여있거늘
그들에게 행해야 할

적정한 법을 보이시니
정위음 마후라가왕이
능히 잘 알았도다.

부처님의 지혜가
같은 이 없고 사의할 수 없음이여
중생들의 마음을
모두 다 아셔서
그들을 위하여
청정한 법을 천명하시니
이러함은 승혜장엄계
마후라가왕이 마음에 깨달았도다.

한량없는 모든 부처님께서
세간에 출현하시어
널리 중생들을 위하여
복전을 지으시니
복바다는 광대하고 깊어서
측량하기 어려움이라
묘목주 마후라가왕이
능히 다 보았도다.

일체 중생의
근심과 두려움의 고통을
부처님께서

널리 앞에 나타나 구호하시되
법계 허공에
두루하지 않음이 없으시니
이것은 등당 마후라가왕이
행한 바 경계로다.

부처님 한 모공의
모든 공덕을
세간이 함께 헤아려도
능히 알지 못함이라
가없고 다함없어
허공과 같으시니

이와 같음은 최승광명당
마후라가왕이 보았도다.

여래께서
일체 법을 통달하시어
저 법의 성품을
다 밝게 비추시되
수미산같이
움직이지 않으시니
이 법문에 들어간 이는
사자억 마후라가왕이로다.

부처님께서
지난 옛적 광대한 겁 동안
모으신 환희바다가
깊어서 다함이 없음이라
그러므로 보는 이가
기뻐하지 않음이 없으니
이 법은 중묘장엄음
마후라가왕이 들어간 바로다.

법계가 형상이 없음을
요달해 아시어
바라밀바다를

다 원만히 하셔서
큰 광명으로
모든 중생들을 널리 구제하시니
수미억 마후라가왕이
능히 이 방편을 알았도다.

그대는
여래의 자재하신 힘을 관하라
시방에
골고루 나타나시어
일체 중생을
다 비추어 깨닫게 하시니

이것은 가애락광명 마후라가왕이 잘 들어갔도다.

또 선혜광명천 긴나라왕은 일체 기쁘고 즐거운 업을 널리 내는 해탈문을 얻었고, 묘화당 긴나라왕은 위없는 법의 기쁨을 능히 내어 일체가 안락을 받게 하는 해탈문을 얻었고, 종종장엄 긴나라왕은 일체 공덕이 만족하여 광대하고 청정한 신해의 창고 해탈문을 얻었다.

열의후성 긴나라왕은 언제나 일

체 뜻에 맞는 소리를 내어서 듣는 이가 근심과 두려움을 여의게 하는 해탈문을 얻었고, 보수광명 긴나라왕은 대비로 일체 중생을 안립하여 반연할 바를 깨닫게 하는 해탈문을 얻었고, 보락견 긴나라왕은 일체 미묘한 색신을 나타내 보이는 해탈문을 얻었다.

최승광장엄 긴나라왕은 일체 수승한 장엄의 과보가 생겨나는 업을 요달해 아는 해탈문을 얻었고, 미묘화당 긴나라왕은 일체 세간의 업으로 생기는 과보를 잘 관찰하는 해탈문을 얻었고, 동지력 긴나라왕은 일체 중생을 이익케 하는 일을 항상 일으키는 해탈문을 얻었고, 위맹주 긴나라왕은 일체 긴나라의 마음을 잘 알아서 잘 거두어 제어하는 해탈문을 얻었다.

그 때에 선혜광명천 긴나라왕이 부처님의 위신력을 받들어 일체 긴나라의 대중들을 널리 살펴보고 게송을 설하여 말씀하였다.

세간에 있는
안락한 일이여
일체가 다 부처님을 친견하여
일어남이라.
도사께서
모든 중생들을 이익케 하시어
널리 구호하여
귀의할 곳을 지으셨도다.

일체 모든 기쁨과 즐거움을
출생하시니
세간이 다 얻어도

다함이 없음이라
보는 자는
헛되이 버리지 않게 하시니
이것은 묘화당 긴나라왕이
깨달은 바로다.

부처님의 공덕바다가
다함이 없음이여
그 끝을 찾아도
얻을 수 없음이라
광명이
널리 시방을 비추시니

이것은 종종장엄 긴나라왕의
해탈이로다.

여래께서 큰 음성으로
항상 연설하시어
근심을 여의는
진실한 법을 열어 보이시니
중생들이 들으면
다 기뻐함이라
이러함은 열의후성 긴나라왕이
능히 믿고 받았도다.

내가 여래의 자재하신 힘을
관해 보니
모두 지난 옛적에
수행하신 바를 말미암음이라
큰 자비로 만물을 구제하여
청정하게 하시니
이것은 보수광명 긴나라왕이
능히 깨달아 들어갔도다.

여래는
가히 보고 듣기 어려움이여
중생들이

억 겁에 때로 한 번 만남이라
온갖 상호가
장엄되어 다 구족하시니
이것은 보락견 긴나라왕이
본 바로다.

그대는 여래의 크신 지혜를
관해 보라
널리 중생들의
하고자 하는 바에 응하시어
일체 지혜의 길을
펴지 않음이 없으시니

최승광장엄 긴나라왕이
이를 능히 알았도다.

업바다가
광대하고 부사의함이여
중생들의 고와 낙이
다 좇아 일어남이라
이러한 일체를
능히 열어 보이시니
이것은 미묘화당 긴나라왕이
요달해 안 바로다.

모든 부처님의 신통은
쉴 사이가 없으셔서
시방의 대지가
항상 진동하거늘
일체 중생이
능히 알 수 없으니
이것은 동지력 긴나라왕이
항상 밝게 보도다.

대중모임에 계시면서
신통을 나타내시어
큰 광명을 놓아

깨닫게 하셔서
일체 여래의 경계를
나타내 보이시니
이것은 위맹주 긴나라왕이
능히 관찰하였도다.

또 대속질력 가루라왕은 집착 없고 걸림 없는 눈으로 널리 중생계를 관찰하는 해탈문을 얻었고, 불가괴보계 가루라왕은 널리 법계에 안주하여 중생들을 교화하는 해탈문을 얻었고, 청정속질 가루라왕은 널리 바라밀을 성취하는 정진력의 해탈문을 얻었다.

불퇴심장엄 가루라왕은 용맹한 힘으로 여래의 경계에 들어가는 해탈문을 얻었고, 대해처섭지력 가루라왕은 부처님 행의 광대한 지혜바다에 들어가는 해탈문을 얻었고, 견법정광 가루라왕은 가없는 중생들을 성취시키는 차별한 지혜의 해탈문을 얻었고, 묘엄관계 가루라왕은 부처님 법의 성을 장엄하는 해탈문을 얻었다.

보첩시현 가루라왕은 무너뜨릴 수 없는 평등한 힘을 성취하는 해탈문을 얻었고, 보관해 가루라왕은 일체 중생의 몸을 분명히 알아서 위하여 형상을 나타내는 해탈문을 얻었고, 용음대목정 가루라왕은 일체 중생이 나고 죽는 행에 널리 들어가는 지혜의 해탈문을 얻었다.

그 때에 대속질력 가루라왕이 부처님의 위신력을 받들어 일체 가루라의 대중들을 널리 살펴보고 게송을 설하여 말씀하였다.

　부처님의 눈은
넓고 커서 끝이 없으시어
시방의 모든 국토를
널리 보시니
그 가운데 중생들이
헤아릴 수 없거늘
큰 신통을 나타내어
다 조복하시도다.

　부처님의 신통력이

걸리는 바 없음이여
두루 시방의
보리수 아래에 앉으시어
법을 연설함이 구름과 같이
다 충만하시니
불가괴보계 가루라왕이
듣고 마음에 거스르지 않았도다.

부처님께서
지난 옛적 모든 행을 닦으실 때
광대한 바라밀을
널리 청정하게 하시어

일체 모든 여래께
공양하시니
이것은 청정속질 가루라왕이
깊이 믿고 알았도다.

여래의
낱낱 모공 가운데
한 생각에
널리 가없는 행을 나타내시니
이같이 생각하기 어려운
부처님 경계시여
불퇴심장엄 가루라왕이

다 밝게 보았도다.

부처님의 행은
광대하고 부사의함이라
일체 중생이
능히 측량할 수 없으니
도사의 공덕과
지혜바다여
이것은 대해처섭지력
가루라왕이 행한 곳이로다.

여래의

한량없는 지혜의 광명이시여
중생들의 어리석고 미혹한
그물을 소멸하시어
일체 세간을
다 구호하시니
이것은 견법정광 가루라왕이
지녀 설한 바로다.

법의 성이 광대하여
다할 수 없음이여
그 문이 갖가지라
헤아릴 수 없거늘

여래께서
세상에서 크게 여시니
이것은 묘엄관계 가루라왕이
능히 밝게 들어갔도다.

일체 모든 부처님의
한 법신이시여
진여가 평등하여
분별이 없음이라
부처님께서 이 힘으로
항상 편안히 머무시니
보첩시현 가루라왕이

이것을 갖추어 연설하였도다.

부처님께서 옛적 모든 세상에서
중생들을 섭수하시되
널리 광명을 놓아
세간에 두루하시어
갖가지 방편으로
조복을 보이시니
이 수승한 법문은
보관해 가루라왕이 깨달았도다.

부처님께서

일체 모든 국토가
다 업바다를 의지하여
안주함을 관하시어
법의 비를
그 가운데 널리 내리시니
용음대목정 가루라왕의 해탈이
이와 같도다.

또 라후 아수라왕은 큰 회상에서 높고 뛰어난 주인이 됨을 나타내는 해탈문을 얻었고, 비마질다라 아수라왕은 한량없는 겁을 나타내 보이는 해탈문을 얻었고, 교환술 아수라왕은 일체 중생의 고통을 소멸하여 청정하게 하는 해탈문을 얻었다.

대권속 아수라왕은 일체 고행을 닦아서 스스로 장엄하는 해탈문을 얻었고, 바치 아수라왕은 시방의 가없는 경계를 진동시키는 해탈문을 얻었고, 변조 아수라왕은 갖가지 방편으로 일체 중생을 안립하는 해탈문을 얻었고, 견고행묘장엄 아수라왕은 무너뜨릴 수 없는 선근을 널리 모아서 모든 염착을 깨끗이

하는 해탈문을 얻었다.

광대인혜 아수라왕은 대비의 힘으로 의혹이 없는 주인의 해탈문을 얻었고, 현승덕 아수라왕은 널리 부처님을 보고 받들어 섬기고 공양하여 모든 선근을 닦게 하는 해탈문을 얻었고, 선음 아수라왕은 일체 갈래에 널리 들어가서 결정코 평등하게 행하는 해탈문을 얻었다.

그 때에 라후 아수라왕이 부처님의 위신력을 받들어 일체 아수라

의 대중들을 널리 살펴보고 게송을
설하여 말씀하였다.

　시방에 있는
　광대한 대중들 중에
　부처님께서
　그 가운데서 가장 특수하시니
　광명이 두루 비추어
　허공과 같으시어
　널리 일체 중생 앞에
　나타나시도다.

백천만 겁 동안의
모든 불국토를
한 찰나 가운데
다 밝게 나타내시어
광명을 펴서
중생들을 두루 교화하시니
이러함은 비마질다라 아수라왕이
깊이 찬탄하고 기뻐하도다.

여래의 경계는
더불어 같음이 없음이여
갖가지 법문으로

항상 이익케 하시어
중생들에게 있는 고통을
다 멸하게 하시니
교환술 아수라왕이
이를 능히 보았도다.

한량없는 겁 가운데
고행을 닦으셔서
중생들을 이익케 하고
세간을 깨끗하게 하시니
이것으로 석가모니불의
지혜가 널리 이루어짐이라

대권속 아수라왕이
이에 부처님을 보았도다.

걸림 없고 같을 이 없는
큰 신통이시여
시방의 일체 세계를
두루 진동시키시되
중생들이 놀라거나
두렵게 하지 않으시니
바치 아수라왕이
이에 능히 밝게 알았도다.

부처님께서 세상에 출현하여
중생들을 구제하시되
일체 지혜의 길을
다 열어 보이셔서
모두 괴로움을 버리고
안락을 얻게 하시니
이 뜻은 변조 아수라왕이
크게 연 바로다.

세간에 있는
온갖 복바다를
부처님의 힘으로 능히 내어

널리 깨끗하게 하시고
부처님께서 해탈할 곳을
열어 보이시니
견고행묘장엄 아수라왕이
이 문에 들어갔도다.

부처님 대비의 몸은
더불어 같을 이 없음이여
두루 행하여
걸림 없이 다 보게 하시되
마치 영상과 같이
세간에 나타나시니

광대인혜 아수라왕이
이 공덕을 선설하도다.

희유하고 같을 이 없는
큰 신통이시여
곳곳에 몸을 나타내어
법계에 충만하셔서
각각 보리수 아래에
앉아계시니
이 뜻은 현승덕 아수라왕이
능히 선설하도다.

여래께서 지난 옛적
삼세에 수행하실 때
모든 갈래에 윤회하여
지나지 않음이 없으셔서
중생들의 고통을 남김없이
벗어나게 하시니
이것은 선음 아수라왕이
칭찬한 바로다.

 또 시현궁전 주주신은 일체 세간에 널리 들어가는 해탈문을 얻었고, 발기혜향 주주신은 일체 중생을 널리 관찰해서 다 이익되게 하여 환희하고 만족하게 하는 해탈문을 얻었고, 낙승장엄 주주신은 능히 가없이 사랑스럽고 즐거운 법의 광명을 놓는 해탈문을 얻었다.

화향묘광 주주신은 가없는 중생들의 청정한 믿음과 이해의 마음을 개발하는 해탈문을 얻었고, 보집묘약 주주신은 넓은 광명의 힘을 모아서 장엄하는 해탈문을 얻었고, 낙작희목 주주신은 일체 고락 중생을 널리 깨우쳐서 다 법의 즐거움을 얻게 하는 해탈문을 얻었고, 관방보현 주주신은 시방 법계에 차별한 몸의 해탈문을 얻었다.

대비위력 주주신은 일체 중생을 구호하여 안락하게 하는 해탈문을 얻었고, 선근광조 주주신은 기쁘고 만족한 공덕의 힘을 널리 내는 해탈문을 얻었고, 묘화영락 주주신은 명성이 널리 들려 중생들이 보면 다 이익을 얻는 해탈문을 얻었다.

그 때에 시현궁전 주주신이 부처

님의 위신력을 받들어 일체 주주신
의 대중들을 널리 살펴보고 게송을
설하여 말씀하였다.

  부처님의 지혜는
  허공과 같아 다함이 없으셔서
  광명으로 비추어
  시방에 두루하시며
  중생들의 심행을
  모두 요달해 아셔서
  일체 세간에
  다 들어가시도다.

모든 중생들의
마음에 즐기는 바를 아셔서
온갖 법바다를
알맞게 설하시되
구절과 뜻이 광대하여
각각 같지 않으니
발기혜향 주주신이
능히 다 보았도다.

부처님께서 광명을 놓아
세간을 비추심이여
보고 듣고 환희하여

헛되이 버리지 않음이라
그 깊고 넓고 적멸한 곳을
보이시니
이것은 낙승장엄 주주신이
깨달아 알았도다.

부처님께서 법의 비를
한량없이 내리셔서
능히 보는 이가
크게 환희하게 하시니
가장 수승한 선근이
이로 좇아 나옴이라

이러함은 화향묘광 주주신이
깨달은 바로다.

법문에 널리 들어가서
깨달으신 힘과
오랜 겁 동안 닦아 다스려
모두 청정하심은
이와 같이 다 중생들을
거두시기 위함이라
이것은 보집묘약 주주신이
깨달은 바로다.

갖가지 방편으로
중생들을 교화하심이여
보거나 들으면
다 이익을 얻음이라
모두 기뻐 뛰며
크게 환희하게 하시니
낙작희목 주주신이
이와 같이 보았도다.

십력으로 응하여 나타나
세간에 두루하시어
시방 법계에

다 남김이 없으시되
체성은 없지도 않고
또한 있지도 않으니
이것은 관방보현 주주신이
들어간 바로다.

중생들이
험난한 가운데 유전함에
여래께서 애민히 여겨
세간에 출현하셔서
모두 일체 고통을 제거하여
멸하게 하시니

이 해탈문은 대비위력 주주신이
머물렀도다.

중생들이 어두움에 덮여
긴 밤에 빠져있거늘
부처님께서
위하여 법을 설해 크게 깨우치셔서
다 즐거움을 얻고
온갖 고통을 제하게 하시니
선근광조 주주신이
이 문에 들어갔도다.

여래의 복은
양이 허공과 같으심이여
세간의 온갖 복이
다 좇아 남이라
무릇 지은 것이 있으면
헛됨이 없으니
이러한 해탈은
묘화영락 주주신이 얻었도다.

또 보덕정광 주야신은 적정한 선정의 즐거움에서 크게 용맹한 해탈문을 얻었고, 희안관세 주야신은 광대하고 청정하며 사랑스러운 공덕상의 해탈문을 얻었고, 호세정기 주야신은 널리 세간에 나타나서 중생들을 조복하는 해탈문을 얻었다.

적정해음 주야신은 광대한 환희심을 쌓아 모으는 해탈문을 얻었고, 보현길상 주야신은 매우 깊고 자재하여 마음을 즐겁게 하는 말씀의 해탈문을 얻었고, 보발수화 주야신은 광명이 만족하여 광대한 환희의 창고 해탈문을 얻었고, 평등호육 주야신은 중생들을 깨우쳐서 선근을 성숙하게 하는 해탈문을 얻었다.

유희쾌락 주야신은 중생들을 구호하는 가없는 자비의 해탈문을 얻었고, 제근상희 주야신은 장엄을 널리 나타내는 큰 자비문의 해탈문을 얻었고, 시현정복 주야신은 널리 일체 중생으로 하여금 즐거움을 만족하게 하는 해탈문을 얻었다.

그 때에 보덕정광 주야신이 부처님의 위신력을 받들어 일체 주야신의 대중들을 두루 살펴보고 게송을 설하여 말씀하였다.

그대들은 응당
부처님께서 행하신 바를 관하라
광대하고 적정한
허공의 모습이시니
끝없는 욕망바다를
다 다스려 깨끗이 하셔서
때를 여의고 단엄하여
시방을 비추시도다.

일체 세간이
다 보기를 즐김이여
한량없는 겁바다에
한 번 만남이라
대비로 중생들을
두루 생각하시니
이 해탈문은
희안관세 주야신이 보았도다.

도사께서
모든 세간을 구호하심이여
중생들이 모두

그 앞에 계심을 보아
능히 모든 갈래를
다 청정하게 해주시니
이러함은 호세정기 주야신이
능히 관찰하였도다.

부처님께서 옛적에 닦으신
환희의 바다여
광대하고 가없어
측량할 수 없음이라
그러므로 보는 이가
다 기뻐하고 즐거워하니

이것은 적정해음 주야신이
깨달은 바로다.

여래의 경계는
헤아릴 수 없음이라
고요하지만 능히 펴서
시방에 두루하시어
널리 중생들로 하여금
뜻이 청정하게 하시니
보현길상 주야신이
듣고 뛸 듯이 기뻐하도다.

부처님은
복이 없는 중생들 가운데서
큰 복으로 장엄하여
매우 위엄 있고 빛나시어
그들에게 번뇌를 여읜
적멸한 법을 보이시니
보발수화 주야신이
이 도를 깨달았도다.

시방에 널리 큰 신통을
나타내시어
일체 중생을

모두 조복하시되
갖가지 색상을
다 보게 하시니
이것은 평등호육 주야신이
관한 바로다.

여래께서
지난 옛적 순간순간에
방편과 자비의 바다를
다 깨끗이 하셔서
세간을 구호하여
두루하지 않음이 없으시니

이것은 유희쾌락 주야신의
해탈이로다.

중생들이 어리석어
항상 어지럽고 혼탁하여
그 마음의 견고한 독이
매우 두렵거늘
여래께서 자비로 불쌍히 여겨
출현하시니
이것은 제근상희 주야신이
깨달아 기뻐하도다.

부처님께서 옛적에
중생들을 위해 수행하시어
일체의 원과 하고자 함을
다 원만하게 하셔서
이로 인해 공덕상을
구족히 이루시니
이것은 시현정복 주야신이
들어간 바로다.

또 변주일체 주방신은 널리 구호하는 힘의 해탈문을 얻었고, 보현광명 주방신은 일체 중생을 교화하는 신통의 업을 마련하는 해탈문을 얻었고, 광행장엄 주방신은 일체 어두운 장애를 깨뜨려서 기쁘고 즐거운 큰 광명을 내는 해탈문을 얻었다.

주행불애 주방신은 일체 처에 널리 나타나되 헛되이 수고하지 않는 해탈문을 얻었고, 영단미혹 주방신은 일체 중생 수와 같은 명호를 나타내 보여서 공덕을 발생하는 해탈문을 얻었고, 변유정공 주방신은 항상 묘음을 내어서 듣는 이들이 다 환희하게 하는 해탈문을 얻었고, 운당대음 주방신은 용이 널리 비를 내리듯이 중생들로 하여금 환희하게 하는 해탈문을 얻었다.

계목무란 주방신은 일체 중생의 업이 차별이 없음을 나타내 보이는 자재한 힘의 해탈문을 얻었고, 보관세업 주방신은 일체 갈래의 중생들 가운데 갖가지 업을 관찰하는 해탈문을 얻었고, 주변유람 주방신은 하는 일을 다 끝맺어서 일체 중생을 기쁘게 하는 해탈문을 얻었다.

그 때에 변주일체 주방신이 부처님의 위신력을 받들어 일체 주방신의 대중들을 널리 살펴보고 게송을 설하여 말씀하였다.

여래께서 자재하게
세간에 출현하시어
일체 모든 중생들을
교화하시되
법문을 널리 보여
깨달아 들게 하셔서
다 위없는 지혜를

마땅히 이루게 하시도다.

신통이 한량없어
중생들과 같게 하셔서
그 즐기는 바를 따라
모든 형상을 보이시니
보는 이들이 모두
고통에서 벗어남을 입음이라
이것은 보현광명 주방신의
해탈한 힘이로다.

부처님께서

어둡고 막혀있는 중생바다에서
법의 횃불로
큰 광명을 놓으시니
그 광명이 널리 비추어
보지 못함이 없음이라
이것은 광행장엄 주방신의
해탈이로다.

세간의 갖가지 소리를
구족하시어
널리 법륜을 굴려
알지 못함이 없게 하시니

중생들이 들으면
번뇌가 소멸함이라
이것은 주행불애 주방신이
깨달은 바로다.

일체 세간에
있는 바 이름들
부처님의 명호도
그와 같게 출생하셔서
중생들에게 어리석음과
미혹을 여의게 하시니
이것은 영단미혹 주방신이

행한 곳이로다.

만약 어떤 중생이
부처님 앞에 이르러서
여래의
아름답고 묘한 음성을 들으면
마음에 큰 환희를
내지 않음이 없으니
변유정공 주방신이
이 법을 깨달았도다.

부처님께서

낱낱 찰나 가운데
가없는 큰 법의 비를
널리 내리셔서
중생들로 하여금
번뇌를 소멸하게 하시니
이것은 운당대음 주방신이
깨달은 바로다.

일체 세간의
모든 업바다를
부처님께서 동등하여
다름이 없음을 다 열어 보이셔서

널리 중생들로 하여금
업과 미혹을 없애게 하시니
이것은 계목무란 주방신이
깨달은 바로다.

일체를 아는 지혜의 지위는
끝이 없어서
일체 중생의
갖가지 마음을
여래께서
비추어 보고 다 밝게 아시니
이 광대한 문은

보관세업 주방신이 들어갔도다.

부처님께서 지난 옛적
모든 행을 닦으심에
한량없는 모든 바라밀을
다 원만히 하셔서
큰 자비로 애민히 여겨
중생들을 이롭게 하시니
이것은 주변유람 주방신의
해탈이로다.

또 정광보조 주공신은 모든 갈래

의 일체 중생심을 널리 아는 해탈문을 얻었고, 보유심광 주공신은 법계에 널리 들어가는 해탈문을 얻었고, 생길상풍 주공신은 가없는 경계의 몸 모습을 요달하는 해탈문을 얻었다.

이장안주 주공신은 능히 일체 중생의 업과 미혹의 장애를 제거하는 해탈문을 얻었고, 광보묘계 주공신은 광대한 행의 바다를 널리 관찰하고 사유하는 해탈문을 얻었고, 무애광염 주공신은 대비 광명으로 일체 중생의 액난을 널리 구호하는 해탈문을 얻었고, 무애승력 주공신은 널리 일체에 들어가되 집착하는 바가 없는 복덕력의 해탈문을 얻었다.

 이구광명 주공신은 능히 일체 중생으로 하여금 마음에 모든 번뇌를 여의어 청정하게 하는 해탈문을 얻었고, 심원묘음 주공신은 시방의 지혜 광명을 널리 보는 해탈문을 얻었고, 광변시방 주공신은 근본 처소에서 움직이지 않고 세간에 널리 나타나는 해탈문을 얻었다.

그 때에 정광보조 주공신이 부처님의 위신력을 받들어 일체 주공신의 대중들을 널리 살펴보고 게송을 설하여 말씀하였다.

여래의
넓고 크신 눈은
청정하기가
허공 같음이라
모든 중생들을
널리 보셔서
일체를 다

밝게 아시도다.

부처님 몸의
큰 광명이
시방을
두루 비추셔서
곳곳마다
앞에 나타나 머무시니
보유심광 주공신이
이 도를 관하도다.

부처님 몸은

허공과 같으셔서
생겨남도 없고
취할 바도 없으며
얽음도 없고
자성도 없으시니
생길상풍 주공신이
본 바로다.

여래께서
한량없는 겁 동안
널리 모든 성스러운 도를
설하셔서

중생들의 장애를
널리 소멸하시니
이장안주 주공신이
이 문을 깨달았도다.

내가 관해 보니
부처님께서 지난 옛적에
모으신 바
보리행은
다 세간을
편안하게 하시기 위함이라
광보묘계 주공신이

이 경계를 행하였도다.

일체
중생계가
생사바다에
유전하거늘
부처님께서 고통을 없애는
광명을 놓으시니
무애광염 주공신이
능히 보았도다.

청정한

공덕의 창고여
능히 세간의
복전이 됨이라
그들을 따라서
지혜로 깨닫게 하시니
무애승력 주공신이
이에 깨달았도다.

중생들이 어리석음에
덮인 바로
험한 길에
유전하거늘

부처님께서 위하여
광명을 놓으시니
이구광명 주공신이
능히 증득했도다.

지혜가
끝이 없어서
모든 국토에
다 나타나시어
광명으로
세간을 비추시니
십원묘음 주공신이

이에 부처님을 보았도다.

부처님께서
중생들을 제도하시기 위하여
시방에서
두루 수행하시니
이러한
큰 서원의 마음을
광변시방 주공신이
능히 관찰했도다.

또 무애광명 주풍신은 부처님 법

과 일체 세간에 널리 들어가는 해탈문을 얻었고, 보현용업 주풍신은 한량없는 국토에 부처님께서 출현하심에 다 광대하게 공양하는 해탈문을 얻었고, 표격운당 주풍신은 향기로운 바람으로 널리 일체 중생의 병을 소멸해주는 해탈문을 얻었다.

정광장엄 주풍신은 널리 일체 중생의 선근을 내어서 무거운 장애의 산을 꺾어 소멸하게 하는 해탈문을 얻었고, 역능갈수 주풍신은 능히 가없는 악마의 무리들을 깨뜨리는 해탈문을 얻었고, 대성변후 주풍신은 일체 중생의 공포를 영원히 멸하는 해탈문을 얻었고, 수초수계 주풍신은 일체 모든 법의 실상에 들어가는 변재바다의 해탈문을 얻었다.

보행무애 주풍신은 일체 중생을 조복하는 방편 창고의 해탈문을 얻었고, 종종궁전 주풍신은 적정한 선정의 문에 들어가서 지극히 무거운 어리석음의 어둠을 멸하는 해탈문을 얻었고, 대광보조 주풍신은 일체 중생을 수순하여 걸림 없는 힘을 행하는 해탈문을 얻었다.

그 때에 무애광명 주풍신이 부처님의 위신력을 받들어 일체 주풍신의 대중들을 널리 살펴보고 게송을 설하여 말씀하였다.

일체 모든 부처님 법이
매우 깊은데
걸림 없는 방편으로
널리 들어가셔서

있는 바 세간에
항상 출현하시되
모양도 없고 형상도 없고
영상도 없도다.

그대는
여래께서 지난 옛적
한 생각에 가없는 부처님께
공양하심을 관하라
이와 같이
용맹한 보리행이여
이것은 보현용업 주풍신이

능히 깨달았도다.

여래께서 세상을 구제하심이
부사의함이여
있는 바 방편이
헛되지 아니하여
중생들이 모든 고통을
여의게 하시니
이것은 표격운당 주풍신의
해탈이로다.

중생들이 복이 없어

온갖 고통을 받아서
무거운 번뇌와 빽빽한 업장으로
항상 미혹에 덮여있거늘
일체가
다 해탈을 얻게 하시니
이것은 정광장엄 주풍신이
깨달았도다.

여래의
광대한 신통력으로
일체 마군의 무리들을
무찌르시니

있는 바 조복하는
모든 방편이여
역능갈수 주풍신이
능히 관찰하였도다.

부처님께서 모공에서
묘음을 펴시되
그 소리가
널리 세간에 두루하시어
일체 고통과 두려움을
다 쉬게 하시니
이것은 대성변후 주풍신이

깨달은 바로다.

부처님께서
일체 온갖 세계바다에서
부사의겁 동안
항상 연설하시니
이것은 여래 지위의
미묘한 변재라
수초수계 주풍신이
능히 깨달았도다.

부처님께서

일체 방편문에
지혜로 그 가운데 들어가
다 걸림이 없으셔서
경계가 가없고
더불어 같을 이 없으니
이것은 보행무애 주풍신의
해탈이로다.

여래의 경계가
끝이 없으셔서
곳곳에서 방편으로
다 보게 하시되

몸은 적정하여
모든 형상이 없으시니
종종궁전 주풍신의
해탈문이로다.

여래께서 겁바다에
모든 행을 닦으심이여
일체 모든 힘을
다 원만히 이루셔서
능히 세간 법을 따라
중생들에게 응하시니
이것은 대광보조 주풍신이

본 바로다.

회향송

아차보현수승행
무변승복개회향
보원침익제중생
속왕무량광불찰

시방삼세일체불
제존보살마하살
마하반야바라밀

廻向頌

我此普賢殊勝行
無邊勝福皆迴向
普願沈溺諸眾生
速往無量光佛剎

十方三世一切佛
諸尊菩薩摩訶薩
摩訶般若波羅蜜

大方廣佛華嚴經

부록

· 대방광불화엄경 목차

· 간행사

대방광불화엄경 목차

〈제1회〉

제1권	제1품	세주묘엄품 [1]
제2권	제1품	세주묘엄품 [2]
제3권	제1품	세주묘엄품 [3]
제4권	제1품	세주묘엄품 [4]
제5권	제1품	세주묘엄품 [5]
제6권	제2품	여래현상품
제7권	제3품	보현삼매품
	제4품	세계성취품
제8권	제5품	화장세계품 [1]
제9권	제5품	화장세계품 [2]
제10권	제5품	화장세계품 [3]
제11권	제6품	비로자나품

〈제2회〉

제12권	제7품	여래명호품
	제8품	사성제품
제13권	제9품	광명각품
	제10품	보살문명품
제14권	제11품	정행품
	제12품	현수품 [1]
제15권	제12품	현수품 [2]

〈제3회〉

제16권	제13품	승수미산정품
	제14품	수미정상게찬품
	제15품	십주품
제17권	제16품	범행품
	제17품	초발심공덕품
제18권	제18품	명법품

〈제4회〉

제19권 제19품 승야마천궁품

　　　　제20품 야마궁중게찬품

　　　　제21품 십행품 [1]

제20권 제21품 십행품 [2]

제21권 제22품 십무진장품

〈제5회〉

제22권 제23품 승도솔천궁품

제23권 제24품 도솔궁중게찬품

　　　　제25품 십회향품 [1]

제24권 제25품 십회향품 [2]

제25권 제25품 십회향품 [3]

제26권 제25품 십회향품 [4]

제27권 제25품 십회향품 [5]

제28권 제25품 십회향품 [6]

제29권 제25품 십회향품 [7]

제30권 제25품 십회향품 [8]

제31권 제25품 십회향품 [9]

제32권 제25품 십회향품 [10]

제33권 제25품 십회향품 [11]

〈제6회〉

제34권 제26품 십지품 [1]

제35권 제26품 십지품 [2]

제36권 제26품 십지품 [3]

제37권 제26품 십지품 [4]

제38권 제26품 십지품 [5]

제39권 제26품 십지품 [6]

〈제7회〉

제40권 제27품 십정품 [1]

제41권 제27품 십정품 [2]

제42권 제27품 십정품 [3]

제43권 제27품 십정품 [4]

제44권 제28품 십통품

　　　　제29품 십인품

제45권 제30품 아승지품

　　　　제31품 수량품

　　　　제32품 제보살주처품

제46권 제33품 불부사의법품 [1]

제47권 제33품 불부사의법품 [2]

제48권	제34품	여래십신상해품		**제63권**	제39품	입법계품 [4]
	제35품	여래수호광명공덕품		**제64권**	제39품	입법계품 [5]
제49권	제36품	보현행품		**제65권**	제39품	입법계품 [6]
제50권	제37품	여래출현품 [1]		**제66권**	제39품	입법계품 [7]
제51권	제37품	여래출현품 [2]		**제67권**	제39품	입법계품 [8]
제52권	제37품	여래출현품 [3]		**제68권**	제39품	입법계품 [9]
				제69권	제39품	입법계품 [10]
〈제8회〉				**제70권**	제39품	입법계품 [11]
제53권	제38품	이세간품 [1]		**제71권**	제39품	입법계품 [12]
제54권	제38품	이세간품 [2]		**제72권**	제39품	입법계품 [13]
제55권	제38품	이세간품 [3]		**제73권**	제39품	입법계품 [14]
제56권	제38품	이세간품 [4]		**제74권**	제39품	입법계품 [15]
제57권	제38품	이세간품 [5]		**제75권**	제39품	입법계품 [16]
제58권	제38품	이세간품 [6]		**제76권**	제39품	입법계품 [17]
제59권	제38품	이세간품 [7]		**제77권**	제39품	입법계품 [18]
				제78권	제39품	입법계품 [19]
〈제9회〉				**제79권**	제39품	입법계품 [20]
제60권	제39품	입법계품 [1]		**제80권**	제39품	입법계품 [21]
제61권	제39품	입법계품 [2]				
제62권	제39품	입법계품 [3]				

간 행 사

　귀의삼보 하옵고,

『대방광불화엄경』의 수지 독송과 유통을 발원하면서 수미정사 불전연구원에서 『독송본 한문·한글역 대방광불화엄경』과 『사경본 한글역 대방광불화엄경』을 편찬하여 간행하게 되었습니다.

『화엄경』은 우리나라에 전래된 이래 일찍부터 사경되고 주석·강설되어 왔으며 근현대에 이르러서는 『화엄경』의 한글 번역과 연구도 부쩍 많이 이루어졌습니다. 그만큼 『화엄경』이 우리 불자님들의 신행과 해탈에 큰 의지처가 되었던 것임을 알 수 있습니다.

『화엄경』을 독송하고 사경하는 공덕은 설법 공덕과 함께 크게 강조되어 왔습니다. 그리하여 수미정사 불전연구원에서도 『화엄경』(80권)을 독송하고 사경하는 데 도움이 되도록 한문 원문과 한글역을 함께 수록한 독송본과 한글역의 사경본 『화엄경』 간행불사를 발원하였습니다. 이 『화엄경』 간행불사에 뜻을 같이하여 적극 후원해주신 스님들과 재가 불자님들께 깊이 감사드립니다. 또한 『화엄경』을 수지 독송할 수 있도록 경책의 모습으로 장엄해 주신 편집위원들과 담앤북스 출판사 관계자들께도 고마움을 표합니다.

　끝으로 이 불사의 원만 회향으로 『화엄경』이 널리 유통되고, 온 법계에 부처님의 가피가 충만하시길 기원드립니다.

　나무 대방광불화엄경

불기 2564년 '부처님오신날'을 봉축하며
수미해주 합장

위태천신(동진보살)

수미해주 須彌海住

동국대학교 명예교수
중앙승가대학교 법인이사
대한불교조계종 수미정사 주지

사경본 한글역
대방광불화엄경 제3권

| 초판 1쇄 발행_ 2020년 8월 24일

| **엮은이**_ 수미해주
| **엮은곳**_ 수미정사 불전연구원
| **편집위원**_ 해주 수정 경진 선초 정천 석도 박보람 최원섭
| **편집보**_ 동건 무이 무진 김지예

| **펴낸이**_ 오세룡
| **펴낸곳**_ 담앤북스
　　　　서울특별시 종로구 새문안로3길 23 경희궁의 아침 4단지 805호
　　　　대표전화 02)765-1251　전송 02)764-1251　전자우편 damnbooks@hanmail.net
　　　　출판등록 제300-2011-115호
| ISBN_ 979-11-6201-245-1 04220

이 책은 저작권 법에 따라 보호받는 저작물이므로 무단전재와 복제를 금합니다.
이 책 내용의 전부 또는 일부를 이용하려면 반드시 저작권자와 담앤북스의 서면 동의를 받아야 합니다.
이 도서의 국립중앙도서관 출판예정도서목록(CIP)은 서지정보유통지원시스템 홈페이지(http://seoji.nl.go.kr)와
국가자료공동목록시스템(http://www.nl.go.kr/kolisnet)에서 이용하실 수 있습니다. (CIP제어번호: CIP2020030134)

정가 10,000원
ⓒ 수미해주 2020